Agradecimiento

A las pesadillas que se escondieron en mis noches,
bajo mi almohada, las que me levantaron de madrugada,
se robaron mi sueño y me regalaron estos versos.

Y a mi madre que me enseñó a convertir en arte
el dolor que la atormentaba.

Ausencias

Flotan los cuerpos en el río
pasan lentos,
no sé si están dormidos o muertos.
Se forman remolinos de aves
que besan sus vientres
mientras desgarran su ropa
algunos despacio, algunos hambrientos
unos se hunden en lo profundo
otros continúan su danza.

Los que esperamos en la orilla, los vemos pasar
no reímos, no lloramos
apenas una mueca
el cansancio nos pesa
pero el dolor nos hace regresar.

Una madre, una niña, una amante
todas en línea, esperando el siguiente.
Una mujer, una hermana
una más que es anónima.

Mi madre llora
el azul oscuro
un trozo de cabello
una mano que acarició.

Mi madre llora
reconoce un niño
que siendo hombre desapareció.

Deja su sitio a la orilla del río
se va sola llorando
la reemplaza otra mujer
deja su sitio
se va sola llorando
se va, cargando su niño.

Te Busco

Se desprende el alma
rompiendo el pecho
dejando el corazón descubierto.

Llevo el peso de una pluma
y en el cuerpo se siente un vacío enorme.
Vuela el alma, se desgarra
se vuelve una brisa que vaga.

Asustada nos mira
retoma la confianza
se aleja.
Siento el dolor del lugar que dejó
se va sin rumbo
ni ella sabe hacia donde camina.

Regresa a la casa oscura
a los lugares que no se olvidan.
Flotar es hermoso
un cuerpo vacío
un alma sin cuerpo.

Lo veo caminar
atrapado.
A pesar del amor
en su mundo soy un desconocido.

Yo solo sostengo la puerta,
las almas en pena no te espanten
no interrumpan tu rutina.

¿Qué te hace pensar que sigues con vida?
Se desprende el alma
para visitar la tuya.
Nos encontramos, pero no me reconoces.

Te doy el abrazo
ahora me reclama la noche
de regreso a mi cueva
un grito me despierta.

Solo

Te dejé solo
perdido entre los escombros
de tu mente delirante.

Te dejé solo
me temblaron las piernas
para ir a buscarte
y en mis recuerdos retumba
tu voz clamando mi nombre.

Lo siento
ya mis lágrimas no sanarán tus heridas,
ni mis palabras te darán consuelo.

Y aunque hubo motivos,
yo solo recuerdo, que no te di mi mano.

Te dejé solo
caminando entre sombras
luchando con dragones imaginarios.

Te dejé solo
y yo solo recuerdo
tus ojos buscando los míos.

Hieren las palabras

Que frío hace
cuando el silencio me frena.
Me ahogan las palabras
que venenosas salen de mi boca.

¿Qué digo?
¿Qué dije?

Sé que es un sueño
que se transforma en pesadilla
cuando tus lágrimas
me dicen lo que mi mente refleja.

No importa el ambiente
el vino frío,
la rosa ni el piano.

Siento miedo, un pánico helado
no quise herirte
son las palabras puñales
que se clavan
son las palabras
las que te lanzan al vacío.

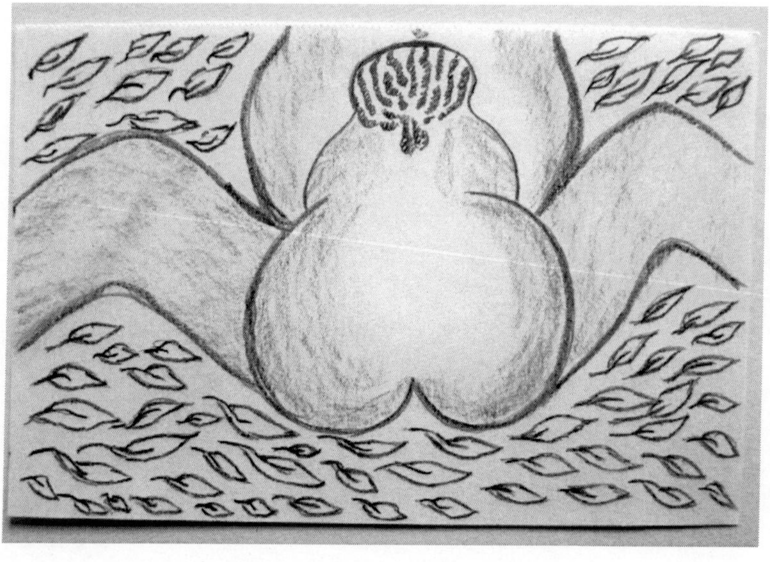

¡Ah! es esto

Un silencio, un lugar sin eco
que oscuro esta todo.
En el fondo del mar
la vida se funde con el viento.

Quería conocerte
saber dónde estás.
Se regresa a ese sitio
donde el amor nos encontró.

La caída es rápida y el golpe brutal
se espantan los monstruos marinos
y los ángeles presurosos a salvarnos.

Nos encuentran felices, nadando desnudos
en un mar salvaje
que en el fondo está en paz.

Grito tu nombre
espero que lo escuches
es lo último que recuerdo
antes de tocar la eternidad.

Atrapada

¡Como grita la bruja!
su risa es una canción
me señala, me habla.

Atrapada en un cajón
me pide la clave
para romper el patrón.

Pero ella sabe que el hombre que nos cuida
la maldice cada día.

En un cuarto tan pequeño
no podemos vivir
alguien tendrá que huir.

Me presta su pluma
me regala un papel
me señala la ruta
un agujero muy pequeño
que el hombre no ve.

Sonríe la virgen, sabe que me iré
amarrada a un pincel.
Me escondo en un rincón
cuando todos se descuiden
brincaré a otro mundo
un mundo de papel
que cuando despierte
quemaré.

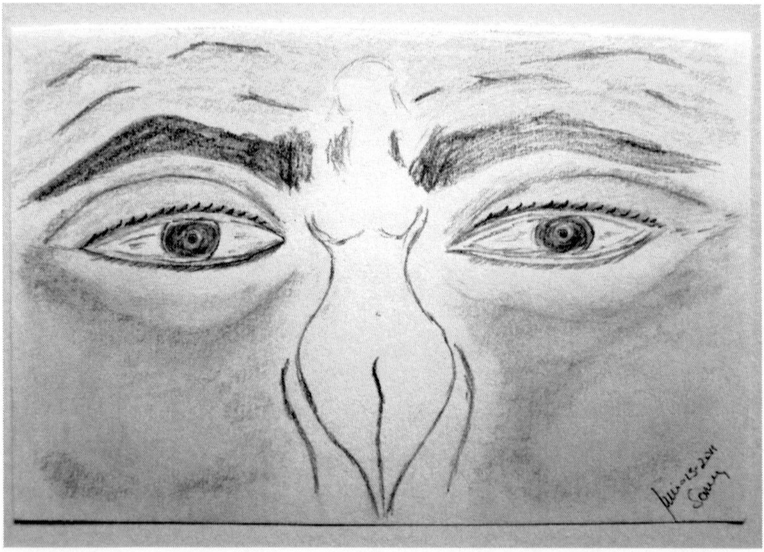

El soldado que te amó

Tiene roto el corazón el soldado
de mi rutina no dejaste ilusión
sigo cada día librando la misma cruda batalla
contra la nada
mientras me atraviesa una bala
lanzada sin razón
una ducha fría
un traje azul
la misma hora cada día.

¿Qué no te gustó?
Lo sé, este soldado te perdió.

En la noche cuando su uniforme lo permite
llora sin control
escondido, cubriendo sus lágrimas
tras un fusil.
Son sus armas livianas, son armas de papel.

¿Quién rompió el corazón del soldado?
La mariposa que se escapó.

En las manos del poeta

En las manos del poeta
el pez se vuelve canción
lo atrapo sin anzuelo
lo engaño!

Se siente suave
luchando por su vida
se mueve violentamente, se muere.
Viene de un estanque oscuro
donde otros nadan y cantan.

En la oscuridad la mujer que no reconozco
mitad madre-mitad amante
me mira lentamente
silenciosamente introduce la mano
me enseña el pez de cuerpo oscuro
mirada desesperada
me muestra la vida
encuentro la muerte.

Feb 01-11

El escenario

Una mujer que da la vida
una mujer que arrebata la vida.

Estrangulas a tu hermana
ahogas las lágrimas.

Era tu amante
era tu niña.

Bailaba la ropa, tendida para secarse al viento
dos hombres inútiles que beben
y no viven.

Tu rabia te levanta
tu tristeza te ciega
eres mi madre, la abuela
eres la de antes, eres la de ahora
eres joven, eres vieja.

Ríes mientras aprietas su garganta
Ríes, porque sabes
que descansa.

Sé que existes

Negro profundo
tus alas me recuerdan la noche
que no acaba
la larga noche que se llevó la nada.

Te puedo ver
salir de la tierra
arrancarle un grito a la arena.

Existes solo para mí
brotaste de mis sueños
me inundaste de sentimientos.

Cuando despierto sigues en mi pensamiento
sé que existes
que nos encontraremos
cuando la noche
se una para siempre con el mar.

Regreso al lugar oscuro

Dejo la ventana abierta
para que en la noche
vuelva mi corazón hambriento.

Sale como un silbido, con ritmo
por el camino que lo lleva al olvido.

Es oscura la noche y la ciudad se ve extraña
envuelta en una nube espesa
en un ruido silencioso
se ve una bruma desde esta altura.

Vuela mi alma
sobre una ciudad vacía
abro los ojos
regreso a ese lugar triste.

Juego sobre tus rodillas
mientras caminas repitiendo perezoso
el mismo cantar.

Soy de nuevo un niño
se repite la misma escena tenebrosa
¿qué me hace regresar siempre a este lugar?
Te dejo atrapado en ese lugar que no conozco
te quedas en esa oscuridad que te enamora.

Regreso
la ventana sigue abierta.
Me despierta la brisa de la mañana.

Contradicción

Salen de mi boca
serpientes venenosas
llegan a tu oído como mariposas.

Escuchas una canción
donde solo hay sin razón.

Bailas como las bailarinas de las noches locas
y yo corro, corro donde no me llegue tu voz.

¿Qué será que convierte en alas tus cadenas de papel?
¿Qué será?
que escuchas mi prosa y te enamora mi desamor
lo entiende el niño, no lo entiendo yo.

Sé que corro muy deprisa
en círculos sin final
que huyo de tus abrazos
y tú ves un pintor
que regreso con lisonjas
y desprecias el color.

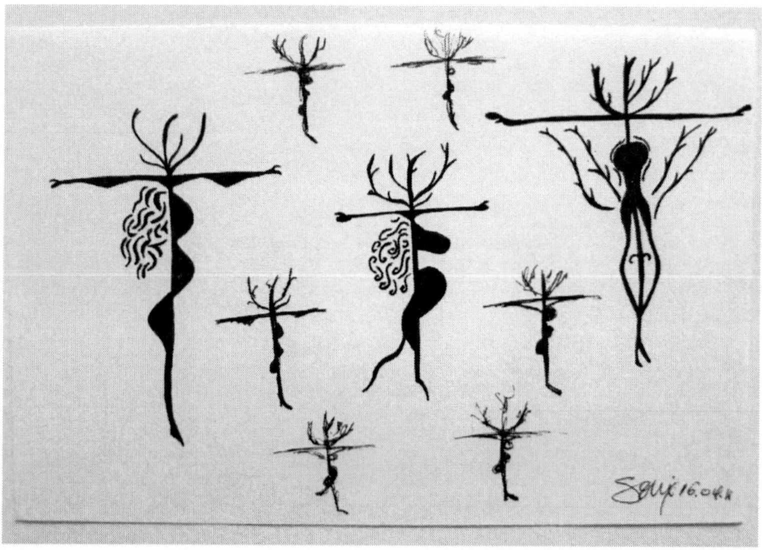

Dices adiós

“Ten confianza” me dices
mientras aprietas mi mano.
“Ten confianza” dices
mientras se aleja el alma.
¿Qué “crea” me dices?
Si mienten las palabras
se desvanece tu abrazo
se ahogan los besos
me pierdo en un viaje sin regreso
se va con el viento
tu mano fuerte.

¿Dónde estás ahora que te necesito?

“Ten confianza” me dices
mientras tu cuerpo se pierde
retornando al lugar donde
ya no somos uno.

Te has ido

Abrazo tu cuerpo desnudo y frío
te baño de lágrimas
te digo:
“te amo, no te perderás de nada”
te recuerdo que este mundo
está lleno de guerras inútiles
niños abandonados
mujeres abusadas
el tiempo aquí es muy corto
se vive de añoranzas
siempre deseando estar en otro lugar
siempre extrañando alguien que se va.

Te miro tendido, frío, te ves ausente
de tus labios salen mariposas
que me hablan de cosas hermosas
amaneceres tibios, árboles frutales
me hablas de un mundo mágico
de colores brillantes
de seres nobles
extrañas la amistad
hacer el amor
el cuerpo tibio que se entrega sin control
extrañas mi sonrisa
mis sombreros de papel
hablas como un poeta.

Te digo que te vayas
este mundo no vale nada
te abrazo
te miro, me miras
ahora eres sólo un espejo
que refleja un rostro cansado
seco tus lágrimas
siento mis manos recorrer mi rostro
te has ido, me quedo solo.

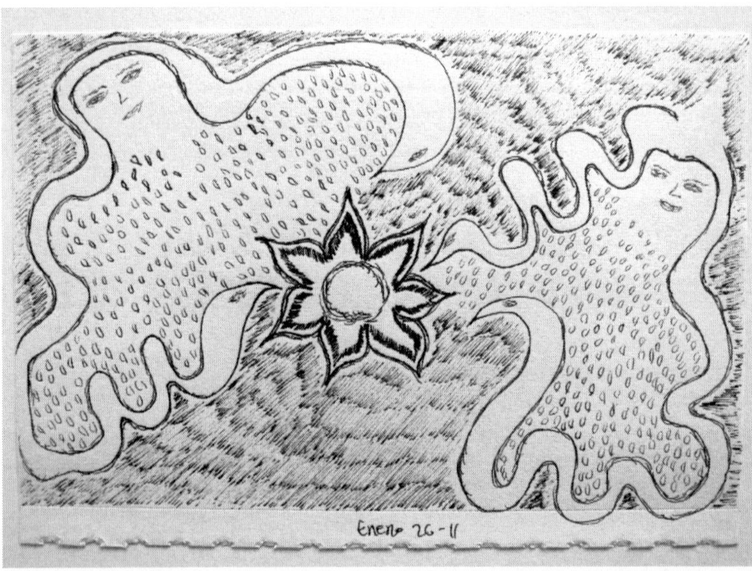
Enero 26-11

Mueren los niños

Aprieto de nuevo las cadenas,
no vaya a recordar que soy libre.
Pinto de nuevos colores las paredes,
no vaya a recordar que las puedo destruir.
Reviso cuidadosamente la puerta,
me aseguro que esté bien cerrada,
no vaya yo a recordar que se puede abrir.
¿La ventana?
La construí en lo más alto, segura que no entrará el sol,
¡no vaya a recordar que la luz existe!

Descargo mi cuerpo, estoy tranquila
sigo mi rutina, estoy sin salida
todo está en el mismo sitio, nada se mueve.
No te quiero en mi vida, eres la brisa que me recuerda
que las olas se bailan, los árboles se secan
que la vida sigue.

Deja las puertas tranquilas
deja las ventanas sin abrir
me molesta el aire fresco
me siento cómodo en mi espacio vacío
deja estas cadenas, ¿no ves que no pesan?
no entiendes que me muevo tranquila
en esta habitación de dos por dos.

Juego a una vida llena de risas
en el silencio oscuro de mi habitación
hablo de cosas profundas, temas que la gente elude
mi espejo responde lleno de admiración.
Un niño grita: "eres un genio"
un borracho escupe, me ignora
una mujer llora
escucho sollozos de niños perdidos
la habitación es tan pequeña, las puertas están cerradas,
las ventanas muy altas.
¿En qué momento llegó tanta gente?

Mi discurso continúa
talento puro
hablo de filosofía, de guerras perdidas.
“Piense: Dios no existe” grito seco de un borracho entrometido
“mientes” murmura el niño
“dejadme rezar en paz” susurra la mujer.
Es solo un hilo de voz
es solo un quejido desalentador
mueren los niños, mueren sin conocer a Dios.

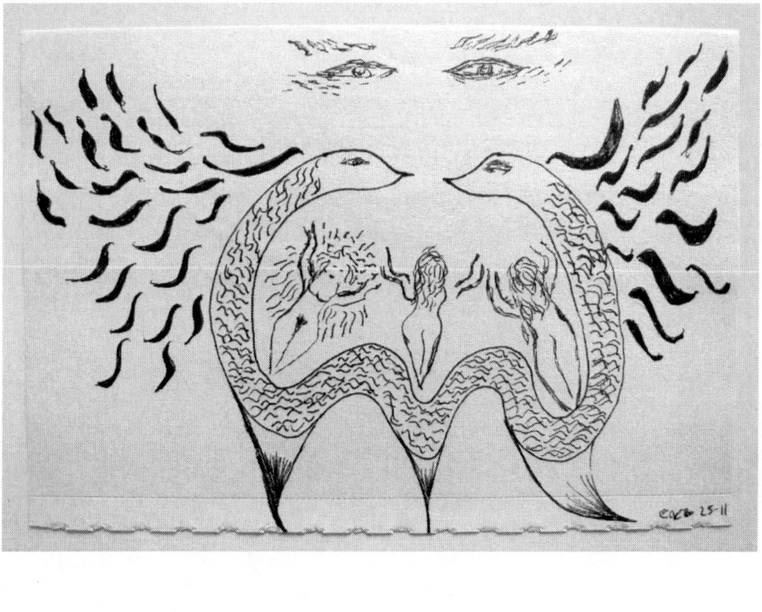

Sin sentido

Quiero sacar de mi vida pensamientos malos
actos suicidas
acortar el paso
ir más despacio
no ahogarme de cosas
que hagan daño
pero el humo es intenso
las ganas enormes
la arrogancia me lleva.

Todo, todo aquí me arrebata
algo me manda al vacío
y yo que me aferro a tu mano
y tu mano que no es más que un invento, un suspiro de la noche.

¿Qué fantasía enorme te creó?
¿Qué cosa extraña no te dejó ser para mí?
Y yo que lo destruyo todo
que me muero de ansias locas por acabar de un suspiro
con todo este mundo
con toda esta vida sin sentido.

¿Serás?

¿Serás tú el sol que no se olvide?
¿Será tu presencia la llama que mi vida necesita?
Y esos ojos que me miran,
¿miraran el camino junto a los míos?

¿Será tu vida la luz que no se extingue?
¿Podré por fin decir que mi búsqueda a tu lado terminó?
¿Y mi conciencia escuchará tu voz
que canta mi mejor canción?

¿Y mi corazón latirá al ritmo que tu vida le indique?
¿Podré a tu lado sentir que mi sueño se materializó?
¿Podré escuchar una voz callada que me dice
que por fin este rompecabezas que es mi vida
contigo se formó?

¿Será?
¿Será que el universo por fin nos unió?

Quédate a mi lado

Quédate a mi lado
no para siempre
sólo el tiempo suficiente para curar tus alas heridas
el tiempo suficiente para que de nuevo fuerte,
continúes tu vuelo.

Quédate a mi lado
no más de un día, no más que una noche
el tiempo suficiente para llenar tus espacios vacíos
y que al día siguiente con tus alforjas llenas sigas tu camino.

Quédate a mi lado
no para siempre, que "para siempre" es un sin sentido
quédate ahora en este instante que nos pertenece
en este espacio tuyo y mío.

Quédate a mi lado el tiempo suficiente
para cerrar tus ojos con besos frescos
limpiar las huellas de otros dedos sobre tu piel
cuidar tus sueños de niña perdida.

Quédate a mi lado solo esta noche
que para mí es eterna
solo este día
que es mi única pertenencia.

No te quiero aquí para siempre
solo el tiempo suficiente.

Soy

Soy un caballo
cabalgo solo por las llanuras.

Soy un caballo
nervioso de los ruidos.

Soy un caballo
atrevido que feliz cabalga solitario.

Soy un caballo
que percibe el peligro cuando su nervio lo detecta.

Soy un caballo libre
no me detengas
no quieras poner freno en mi hocico
no quieras poner rienda y mostrarme el camino.

Soy un caballo
que a veces se cansa pero nunca se detiene.

Un caballo que a veces teme, a veces llora, a veces está herido
a veces lamenta no estar contigo.

Ritual

Se esconde en un rincón de mis entrañas
el dolor que no te mostré
pequeñito se esconde
como un niño dormido no quiere hacer ruido
ese dolor que crece y lo abarca todo
cuando llueve,
cuando me doy cuenta que no regresas conmigo.

Se hace un nudo
se vuelve invisible cuando el sol sale
cuando llega la primavera
se hace tan pequeño
que a veces creo que ya no está.

Pero me sorprende ese dolor
esparciéndose por dentro
haciéndose enorme, lastimándome
casi reventándome
porque no cabe más en mi interior.

Me sorprende en estos días fríos, grises
es un dolor enorme que crece sin control
el ritual se repite en cada estación
con una te olvido de frente al sol
con otra te maldigo llorando sin control.

Cuento conmigo

Cuando corres, corro contigo
cuando cantas, canto contigo
y cuando corriendo escucho tu canto
encuentro mi canto sin sentido.

Volver a mi canto, cantar conmigo
volver a mi recorrido, correr conmigo.

Eres el canto que escucho lejos
eres la prisa que se llevó mi canto.

Soy mi canto, soy mi recorrido
regreso conmigo.

Te veo corriendo, ya no corro contigo
te escucho cantando, ya no canto contigo

Ahora bailo conmigo
ahora cuento conmigo.

A ti muchacha - que vuelas sin mirar atrás

¿Qué cargas poeta?
La palabra que no existe.

¿Qué tienes en tu bolsillo muchacha?
Una canción.

¿Qué llevas en tus manos?
Caricias que no te di.

¿Qué llevas en tu espalda muchacha?
Alas.

¿Qué esperas para volar?
Que vueles conmigo.

¿A dónde van?

¿Muere el árbol cuando la desnudez lo alcanza?
¿Somos sombras cuando bailamos con sombras?
Se seca el río, pero su cauce deja huella en la tierra,
¿se secó el río?

La última hoja baila con el viento
una danza esquizofrénica:
arriba, abajo,
cae, se levanta, desaparece.

¿Dónde van las hojas cuando dejan el árbol?
Mi sombra reconoce tu sombra
la sigue, la encuentra, vuela
se une, se desvanece.

¿Dónde está la sombra cuando su sombra la reconoce?
Un hilo de agua recorre terco el cauce seco,
no creo que llegue al mar
pero tenaz la gota sigue su recorrido
parece que penetra la tierra queriendo descansar
continúa un viaje sin final.

¿Dónde está la gota que no llega al mar?.

Seguir mi camino

Seguir el ritmo
bailar contigo
caminar mi tierra
ensuciar mis manos
manchar mis pasos
amar mis dedos
escribir mi historia
leer la tuya
cantar a tu oído
besar tus labios
decir: “no te quiero, no puedo estar contigo”
no aceptar tus regalos
correr tras mis huellas
añorar lo que no tengo
olvidar lo vivido
terminar contigo
seguir mi camino.

El regalo

El regalo que dejaste sigue sobre la mesa
¿Recuerdas la mesita café que tanto te gustaba?
La conservé y el regalo se ve hermoso sobre ella.
El color brillante del papel que escogiste
hace juego con el color oscuro de la mesa.

Cada día de estos largos años
he intentado abrir el regalo sin destrozarlo
como te lo prometí
pero tus dedos ágiles lo cerraron con cuidado.

Cada mañana, como un ritual interminable
lo miro, lo acaricio, casi le hablo
y pareciera que el regalo se escondiera,
cada esquina está bien cerrada.

Adivino que debe ser hermoso
no se empaca en un papel tan fino
algo que no lo es.
Es liviano, lo he podido guardar todos estos años
es pequeño y luce frágil, pero es fuerte
imagina todos estos viajes y está ahí
como si lo acabaras de dejar en mis manos.

He revisado nuevas formas, tácticas, diferentes herramientas
en vano,
el hermoso regalo que me dejaste cuando marchaste
sigue ahí, sin desempacar.
Sé que es hermoso, pero aun no logro disfrutarlo
el regalo de tu ausencia sigue siendo un misterio
sin descifrar.

Sonny 20-06-11
Left

Reencuentro

Se va el mago
¿Se acaba la magia?

Cierran el telón
¿Terminó la función?

Se apagan las luces
¿Desaparecen las estrellas?

Estás dentro
no te puedo ver
pero sé que estás cerca
tu olor me llega
escucho campanitas, es tu sonrisa!
siento un abrazo, me llega una brisa
en medio del frío siento tu presencia, tu calor.

Se fue el mago
me dejó la magia.

Cerraron el telón
mañana habrá otra función
recibo la invitación.

Se apaga la luz de mi habitación
por fin puedo ver la luz.

Me tomas las manos, corremos
nos perdemos de la multitud
nos encontramos.

El espíritu de la montaña

Ví el espíritu de la montaña,
ese que tiene piel de mujer
una piel suave pero resistente
unos senos enormes
un vientre abultado
ríos dulces que saben a miel
cuando el amor los llama.

Ví el espíritu de la montaña hoy
se llama vida, se llama muerte
parecía una mujer madura de ojos grandes
de heridas profundas
rostro curtido y manos fuertes
me llamaba, me gritaba
abrió la boca para besarme
se tiñe de azul, de roca, de musgo
a veces de nieve.

Ví el espíritu de la montaña hoy
ese que te devora y enamora
que te quita el aliento cuando
en profundo silencio
su grito te penetra el pecho.

Hoy ví el espíritu de la montaña
es una mujer salvaje que recorre la tierra
para que no la encuentre nadie.

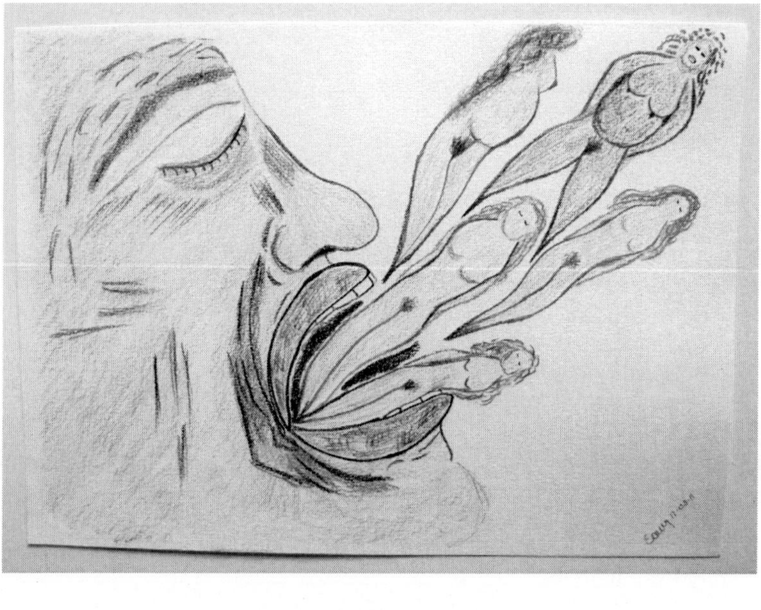

Bienvenido el viento

Bienvenido el viento
a veces frío, a veces cálido.
Bienvenido el vacío
que me trae el recuerdo de viejos abismos.
Bienvenido este silencio que tiene eco, que retumba en mis adentros.

Bienvenido el viento que me recuerda las alas que tengo.
Bienvenido el vacío que me recuerda
caídas y golpes viejos.
Bienvenido el silencio que me recuerda
que estoy sola,
pero viva.

Bienvenidos todos a esta cueva
donde el viento sopla
y la lluvia moja.
Bienvenidos a mi concierto
de alegrías locas
a mis gritos, a mis lágrimas.

Bienvenidos a mi danza que descontrola el alma
y sana heridas antiguas.
Bienvenidos todos a este día
en que la vida se entrega a la muerte
y yo descubro asustada
que mi alma es eterna
que no la rompió tu partida
ni la indiferencia de esta ciudad helada.

Bienvenidos todos a mi refugio sagrado que huele a fuego
a hierba mojada.
Bienvenidos a mi teatro, donde yo no lloro
y rio solo, como un loco.

Bienvenido el viento que me eleva, me levanta,
me lleva lejos, ligera
en un silencio que me embriaga, a un vacío que me enamora
Bienvenido el viento!

Tristezas

.

Estoy triste, si muy triste
pero estoy seguro
me tiembla el pulso para encontrar la poesía
me duelen los dedos cuando recuerdo
tu cuerpo desnudo.

Estoy desesperado, añorando tu arrullo,
desesperado, pero seguro.

No vendrán los buitres a despertarme de mi letargo,
no cantarán los niños esa canción que detesto
ni recorrerá tu beso mi pecho descubierto.

He llorado, he llorado mucho
y he gritado y golpeado,
pero estoy seguro.

No me duelen las piernas
de tanto correr lejos de tu abrazo.
Ni me duele la garganta
de gritar tu nombre cada noche.

Porque estoy triste, y te extraño
y te he llorado y en las noches no duermo
y cuando por fin mi cuerpo descansa
mi corazón te sueña.

Y te quiero
y aun te deseo
y sigo triste, y me duele no tenerte
lamento perderte
y el desconsuelo me dobla
y la desilusión me ahoga
un dolor punzante me recuerda que no regresas
y estoy triste, pero seguro,
Ya no me persigues, ya no me lastimas.

Ira

Enterré mis manos en tu vientre
para arrancar tus semillas,
y enredándome entre tu pelo,
encontré mi infierno.

De tus ojos azules, que debían parecerse al cielo
una tormenta de lágrimas ahogó mis gritos.
- Quién eres?
No reconozco tus labios, que como dos líneas de cianuro
envenenan mi silencio,
ni tus manos que fueron suaves y
ahora cuelgan de tu cuerpo que ya no deseo.

Has muerto,
te veo caminar
vienes hacia mí,
como un fantasma, atraviesas mi piel.
Ya no te siento, ya no te quiero
caes al vacío, empujada por mi indiferencia
no escucho tus gritos
Solo veo tus ojos
perderse en el tiempo.

La equivocada soy yo

Lo mío siempre fue una pesadilla
lo tuyo una eterna sonrisa.
Tus pecados siempre encontraron benevolencia
mis pecados me llevaban al infierno.

Con tu palabra fluida,
tu exquisita ironía,
con tus gritos, con tu elocuencia
con tu violencia.

Si corría era un cobarde
si tú corrías, eras gacela
no encontraste perdón para mis fallas
tú no tuviste ni una sola.

Me cansé de la cuerda en mi cuello,
un gatillo de culpa siempre apuntando,
me cansé de hacer malabarismos
en tu cuerda floja sin protección
aceptar tus yerros, para sufrir en silencio los míos.

Soportar y sonreír a tu historia
pidiendo compasión por la mía.
Nos unimos en un espiral que al principio no tenía final
Nos unimos en un torbellino donde no había paz
Nos separamos arrancándonos el pecho, descendiendo al vacío,
borrando lo construido.

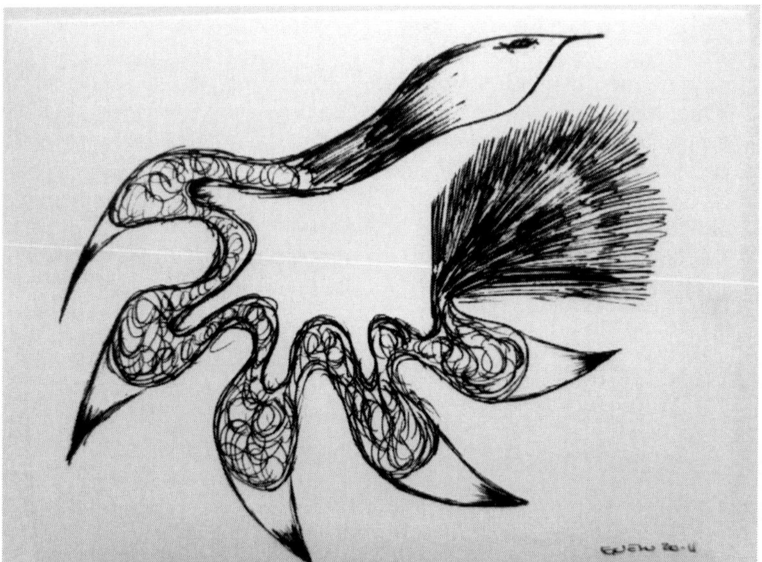

Adiós

Borro tu nombre, lo cubro de sangre
me arranco la piel,
para no tener tus huellas marcando mis manos.
Muerdo mis labios,
les arranco lágrimas a mis ojos que te amaron,
y te veo en mi espejo y en los mil pedazos regados por el suelo.

Qué no me perdonas, dices?
no he pedido perdón, mi dolor vale tanto como el tuyo
no se pasa por encima de alguien
sin pisar su orgullo y quebrar su coraje
no se grita para ocultar la sinrazón
no se abren heridas que no tendrán curación.

Qué no me quieres ver?
y dices que soy yo quien corre, quien huye
soy yo, si, la que ahora se guarda en su caparazón
quien protege como a un niño su corazón herido.

En mi cueva no entras
no hay lugar aquí para quien no conoce el amor.

Mariposas de Color

Que bonita historia construimos
en otra dimensión.
En nuestra realidad paralela
fuimos arrastrados por la pasión
en un universo mágico
nos llenó el amor.

Tus manos suaves esperaban mi cuerpo cansado
mis manos enamoradas recorrían tu cuerpo desnudo
y la fragilidad de nuestros sueños se protegía
en la burbuja que juntos construimos.

No nos tocaban nuestras historias
nuestras dudas
la burbuja todo lo protegía.

Como dos adolescentes alimentamos
la ciencia ficción.
Bailando una música inexistente
ignoramos las señales de peligro
las confundimos con estrellas, con velas de color.

Escribimos una fábula, adornando nuestro pasado
ignorando nuestro alrededor
construimos una mentira
que desapareció sin razón.
Tal como empezó.

Sombra

Ni la muerte lamentamos ya
los que se desgarraban los vestidos
se enfrían en la soledad.

Perdido te vi alejarte
te aseguré que nos encontraríamos
al doblar de cualquier esquina.

Es esta indiferencia la que me asusta,
hoy ha muerto una parte de mí
y las cosas siguen, la gente sigue.

Me llevas hasta el balcón,
justo al borde encuentro el caos.
Mueres lento, lento sin dolor
apareces como una sombra lejana partida en dos
te doy mi mano, seguro me llevarás
pero sigues tu rumbo
te pierdes en la oscuridad
Grito… pero ya eres la sombra que amaré sin control.

Se fue mi hermano

Se fue mi hermano
se lo llevó la locura
perdido entre sombras
ahora duerme el sueño infinito.

Se fue mi hermano
el loco que lo destruía todo,
el que elevaba cometas
y se lanzaba al vacío para volar solitario.

El que construía túneles y cuevas
el que me cubría de barro.
Se fue mi hermano
quisiera darte mi mano
que no llores por tu niño.

Yo le enseñaré a cubrirse con máscaras,
a montar bicicleta,
escalar montañas
construir caminos.

Vete tranquilo hermano
has vivido muy despierto
en las noches sonámbulo
tu mente evadía el descanso,
vete tranquilo
necesitas el sueño, el sosiego.

Cerraré tus ojos enrojecidos,
acariciaré tus pies descalzos,
arrullaré tu alma.

Vete tranquilo, que no te levante la tormenta
que no te asuste el caos, ni la pesadilla que te acosa
vete ahora que eres liviano,
ahora que nos has perdonado.

Se fue mi hermano,
ahora suelto tu mano
te dejo ir, con el perdón de los que te amaron.

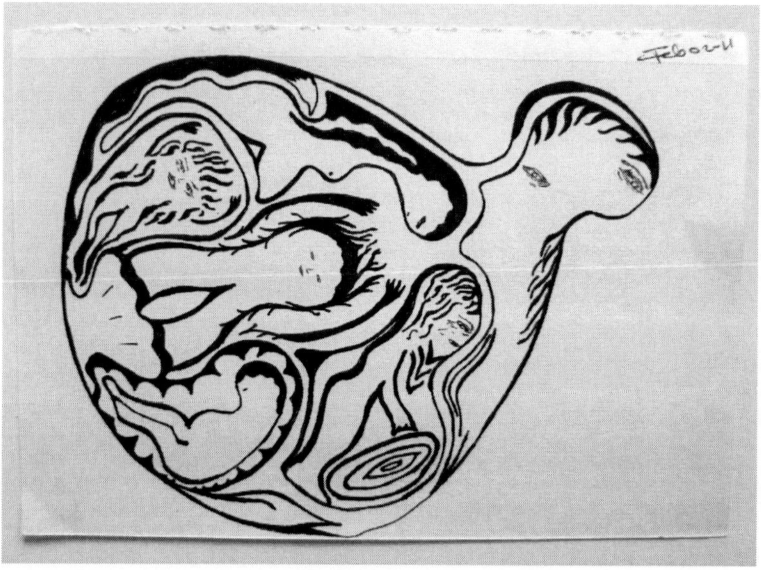

Marionetas

Brotan lágrimas de sangre
arrancando de tus ojos el color.

El dragón silencioso que devora tus entrañas
se esconde cuando escucha mi voz.

Sé que no duerme
sé que se arrastra en tu interior
mira victorioso como se oscurece tu habitación.

Se arrastra, se empina
te deja con un murmullo ronco
te mueve como marioneta
temblando sin control.

Somos todos muñecos de flácidas manos
entrañas de fuego.
El corazón sigue lleno
aunque se nos escape el aliento
se lo roba el dragón bandido
que nos quema por dentro.

No fue suficiente

No pude cuidarte de los mil peligros,
naufragaste solitario en un mar embravecido.

Debí gritar para despertarte,
debí correr para socorrerte.

Pero no pude salvarte de la locura que te rodeaba,
ni de la oscuridad que te poseía.

No pude cuidarte, aun sabiendo
que eras débil, que llorabas,
te dejé hundir, y yo solo rezaba.

Las oraciones no son suficientes
cuando nadie corre para sostenerte.

Debí decirte que te amaba
y así no hubieras muerto
con el corazón vacío y el alma lastimada.

Debí mirarte, apretar tu mano, obligarte,
alejarte del fuego que te quemaba.
Cerrar tus ojos llenos de sangre,
tus manos quemadas por el veneno.

Debí besarte, cerrar tus labios
susurrar que te necesitaba.

Las oraciones no son suficientes
cuando el corazón se rompe.

Y cuando por fin toqué tu cuerpo, miré tu rostro,
estabas lejos, estabas ausente, frio,
estabas muerto.

Hoy vino a recogerte

Hoy vino a recogerte
una mujer gruesa, de senos grandes,
manos enormes.
En su vientre carga semillas
de almas nuevas.
Llegó por ti, reclamando tu presencia.
Pidió tu mano y te arrancó de este mundo,
cerró tus ojos y partió tus labios,
te durmió en su regazo y se elevó contigo
te dormiste tranquilo,
parecías un niño en brazos de la Madre.

En mis sueños la imaginé terrible,
en mis sueños la espanté furiosa.
Ahora te veo partir con ella,
te vas en paz, navegando en la eternidad.
Ahora sé porque uno se enamora,
ahora entiendo que buscabas en las alturas,
en las cavernas, en la profundidad,
regresar a ese lugar seguro
donde no existe nada más.

Recuerdos

Como quisiera no sentirte,
que no quemaran mis entrañas tus recuerdos tristes.
Poder cambiar tu vida, sanar tus heridas,
darte un poco de compañía.
Que no lloraras solitario cuando mi madre te traía la comida,
ausente de la familia,
separado de nosotros.
Recuerdo mi vieja caminando
recuerdo tu voz gritando.

- Qué hicimos los que éramos unos niños?
- Qué hicimos los perseguidos?
Eran cantos de sirena pero con ellos nos hundimos,
tras el humo loco se olvidan las penas.
El licor nos regala recuerdos de una infancia imaginaria,
es suficiente por un momento esta alegría,
la fantasía de una noche frenética.

- Qué hicimos los adultos enfermos de abandono?
Nos estrellamos contra el viento
para olvidar lo que no fuimos.

Un árbol para llorarte

Un árbol seco descansa en el jardín de nuestra casa
su tronco cansado se va durmiendo.
Con cada gota de lluvia
otra hoja viaja al vacío.
No tengo un mejor lugar para llorarte,
donde descansa tu cuerpo
tú ya no estás presente
y este árbol viejo trae a mi memoria
a los que se van yendo.

Su color me recuerda que no tiene vida
me pregunto cuándo caerá vencido,
solo lo sostiene el viento.
Su sombra me recuerda la tuya
su agonía me habla de tu partida.
Se escucha un eco extraño cuando susurra la brisa
el último rayo de sol penetra entre sus hojas secas
y sus frutos sin sabor
caen perdidos en el callejón.
Es un lugar triste,
pero es el único lugar que tengo para llorarte;
un árbol vencido en el jardín de nuestra casa.

Otras creaciones:

Mujeres por mujeres
Creación de ilustraciones que reflejan las diferentes expresiones de "feminidad" en los países que he visitado.

Mujeres en menopausia
Una serie de ilustraciones donde recreé mi experiencia cuando fui diagnosticada con "menopausia temprana" y encontré que la expresión creativa era más eficaz que el HTR (por sus siglas en Ingles - Tratamiento de Reemplazo de Hormonas).

Ritual Cards
Cartas de tarot creadas como parte de mi práctica de chamanismo. Las cartas son un apoyo en un camino de sanación. Fueron creadas como una ofrenda a mis ancestros, mentores y mujeres en general.

Para conocer o adquirir mi trabajo visite:
www.nativetotoro.co.uk

"El poeta es el sanador de esta sociedad enferma; es un revolucionario que transforma el sufrimiento, la soledad y la herida en papel, pincel y verdad. Para eso escribimos poesía, para reparar las heridas.

Un poeta es un brujo, un místico, un héroe, un hambriento...."

Sonia

ISBN: 978-958-46-7337-4

9 789584 673374